AF468653

DE LA

ROYAUTÉ

CONSTITUTIONNELLE.

> *Malo tutam veramque libertatem, quam falsam, periculosam et furentem.*

A PARIS,

CHEZ TECHENER, LIBRAIRE,

PLACE DE LA COLONNADE DU LOUVRE, Nº 12.

1831.

ROUEN. — IMP. DE NICÉTAS PERIAUX,
rue de la Vicomté, n° 55.

DE LA

ROYAUTÉ

CONSTITUTIONNELLE.

L'ORIGINE de toute société fut sans doute la famille, et le premier roi fut incontestablement le père de la famille.

Mais, à sa mort, chacun de ses enfants a dû former une famille nouvelle, et, pour que ces familles pussent vivre en paix et se conserver à côté les unes des autres, pour qu'elles pussent former une nation, il leur fallait des lois.

Ces lois ne pouvaient être données, ne pouvaient être reçues qu'au nom de la divinité; tous les premiers gouvernements ont été théocratiques.

Mais les diverses nations étant toujours en état de guerre les unes contre les autres, il leur fallait des chefs pour diriger leurs forces et combattre l'ennemi.

Ces chefs se sont bientôt emparés du pouvoir, et, pour rendre ce pouvoir durable et sacré, ils se sont associés aux ministres des autels, ils ont reçu d'eux l'empreinte de la divinité, et sont devenus ses représentants sur la terre.

Ces maîtres des humains ayant abusé ou mal usé de leur pouvoir, les nations qu'ils gouvernaient se sont formées en républiques, ou ont péri par la conquête.

A ces républiques a succédé le pouvoir militaire, que les anciens appelaient la tyrannie, et à bien juste titre.

C'était la seule espèce de royauté qu'ils connussent depuis que les enfants des dieux ou les délégués de la divinité avaient cessé de régner en son nom.

Ce fut ce pouvoir militaire qui détruisit la république romaine et qui lui succéda. Cette grande et puissante république, après avoir conquis le monde, avait fini, comme toutes les républiques, par devenir la proie du chef de l'armée nationale, et par former un empire.

Cet empire était trop grand pour n'être pas faible; ses extrémités furent envahies par des barbares.

Ceux du nord se jetèrent sur nos contrées occidentales, s'en emparèrent et s'associèrent avec les ministres d'une religion sainte, sublime et nouvelle dans ces climats. Elle y était récemment établie, mais elle remontait à l'origine du monde par son association avec la religion juive, dont elle était la réforme ou plutôt le complément et le perfectionnement.

Ces conquérants barbares reçurent l'huile sainte, régnèrent, comme les premiers monarques, au nom de la divinité, et ressuscitèrent ainsi l'ancienne et sainte monarchie, détruite depuis tant de siècles.

Cependant, ces maîtres ignorants, féroces et indolents, perdirent leur trône; il leur fut enlevé, en France, par le chef de leurs domestiques. Aucun pouvoir au monde ne résiste long-temps aux fautes et aux vices de ceux qui l'exercent.

Cette seconde dynastie avait commencé par plusieurs grands hommes; elle finit, moins de deux siècles après, par une succession de princes faibles et incapables.

Une troisième dynastie s'éleva, reçut encore l'huile sainte, exerça encore un pouvoir sacré, qui, avec le temps et l'assentiment des peuples, devint encore un pouvoir légitime.

Ainsi, trois dynasties ont régné sur nous depuis

l'invasion des barbares : la première a commencé par la conquête, les deux autres par l'usurpation; elles étaient devenues sacrées, toutes les trois, par l'association à la religion du pays; elles étaient devenues légitimes, toutes les trois, par le temps et par l'assentiment ou la longue patience des peuples.

Les premiers conquérants, les chefs de la première dynastie avaient partagé avec leurs compagnons d'armes les terres, les hommes et le pouvoir; mais toutes ces possessions n'étaient que viagères, ainsi que celle de leur grade militaire.

Elles devinrent héréditaires sous les faibles successeurs des grands hommes de la seconde race.

Elles le devinrent dans presque toute l'Europe, dont Charlemagne, le plus grand homme de cette dynastie, s'était rendu le maître; elles le devinrent par l'imbécillité des héritiers de son trône, et non de sa puissance.

Les maîtres de ces possessions concédées ou usurpées devinrent des princes puissants, détrônèrent le monarque et mirent à sa place l'un d'entr'eux, non pour être leur maître, mais pour être leur chef.

Tel fut, en France, le premier roi de la troisième dynastie; tels, à peu près, furent, en Germanie, les successeurs de Charlemagne, qui régnèrent ou parurent régner sous le nom d'empereurs d'Occident.

Tels ils furent dans tout l'occident, où ces barbares étaient arrivés en conquérants, avec la même organisation militaire et à peu près les mêmes mœurs et les mêmes idées.

Les généraux, les officiers et les soldats avaient formé un corps distinct de la nation conquise, et ce corps, appelé la noblesse, avait seul le pouvoir, et bien plus que le pouvoir : les nobles avaient la propriété des choses et des hommes; ils l'avaient acquise avec l'hérédité de leur pouvoir et de leurs fonctions.

Cependant, les chefs de la noblesse paraissaient et reconnaissaient tenir, à certaines conditions, leur pouvoir et leurs propriétés de la munificence du prince; il en fut de même des subordonnés à l'égard de leurs chefs; et, par cette espèce de hiérarchie, il s'était formé, sous le nom de féodalité, un système de gouvernement qui paraissait assez compacte, mais n'était, en réalité, que l'anarchie d'une troupe armée exerçant sur des ilotes un pouvoir arbitraire.

Ce n'était ni une monarchie, ni une aristocratie, puisque le chef ni l'association n'avaient assez de force pour contenir les membres et les empêcher de se déchirer entr'eux.

D'ailleurs, il n'y avait pas alors de nation à gouverner, il n'y avait pas d'association : c'était une agrégation d'hommes, dont les uns, maîtres du territoire, sous le nom de seigneurs, se guerroyaient continuellement, et dont les autres, esclaves de la glèbe, sous le nom de serfs, n'étaient que des instruments aratoires ou des machines destinées à confectionner les ouvrages nécessaires à leur maître. C'était une véritable anarchie de nobles; et, sans la religion chrétienne, qui conservait entre les hommes quelque apparence de lien social, et qui produisit les croisades, c'en était fait de la civilisation.

Ce furent les croisades qui la sauvèrent; beaucoup de seigneurs, manquant de moyens pécuniaires pour ces expéditions lointaines, vendirent la liberté aux réunions de serfs qu'on appelait communes. Les rois donnèrent, dans leurs domaines, l'exemple de cette grande et juste concession. Le tiers-état se forma; le serf de la glèbe fut métamorphosé en homme et devint citoyen.

Ce fut à cette époque que s'établit une espèce de société; elle se composa de trois éléments : une monarchie très faible; une aristocratie qui comprenait la noblesse et le clergé, aristocratie dont les membres étaient très puissants, mais n'étaient point assez unis pour former un corps ; et enfin une démocratie encore à son aurore et souvent vexée et humiliée par la fière et puissante aristocratie.

Ce système de gouvernement (la féodalité modifiée par les concessions des seigneurs), à peu près le même originairement dans tous les états de l'Europe, a éprouvé, par le laps de temps, dans chacun de ces états, des nouvelles modifications bien différentes, et ces modifications ont changé tout-à-fait le sort de ces diverses nations.

En Allemagne, parmi ces nouveaux princes qui changèrent en petites souverainetés leur pouvoir temporaire, près de la moitié furent des évêques, qui durent leur puissance au respect des peuples autant qu'à la faiblesse du monarque.

Ils acquirent par leurs lumières une grande influence sur les princes leurs collègues; tous conservèrent le droit d'élire leur chef; la puissance du chef resta faible, et celle des princes nouveaux se fortifia de plus en plus. La noblesse et le clergé conservèrent le respect des peuples, et la plupart des membres de ces deux corps le méritèrent en s'occupant paternellement du bonheur de ces petits peuples, qui les aimaient et les vénéraient.

En France, il en fut autrement: les évêques, avec une grande puissance, n'en eurent point assez pour se faire souverains. Les principaux seigneurs, devenus de grands princes et les égaux ou les pairs du monarque, avaient laissé échapper le droit de le choisir.

Ces monarques, profitant de l'hérédité de leur faible puissance, l'augmentèrent successivement, ainsi que leurs domaines; ils accrurent leurs états par des mariages, par des successions, par des confiscations, et devinrent plus puissants que leurs puissants vassaux.

Ils devinrent surtout puissants par leur association protectrice avec le tiers-état, qui les regarda comme son appui.

Ils créèrent, sous le nom d'universités, des écoles fameuses où le tiers acquit des lumières, et qui furent dédaignées par la noblesse : celle-ci ne connaissait, n'estimait et n'aimait que la guerre.

Cette noblesse, restée dans l'ignorance, négligea tous les emplois qui exigeaient quelqu'instruction: peu à peu les seigneurs, renonçant au droit de juger leurs pairs et leurs vassaux, laissèrent aux hommes éclairés qui les avaient aidés dans ces fonctions importantes, le droit de les remplir à leur place.

Il se forma des tribunaux, qui acquirent une grande puissance, qui continrent celle des seigneurs, et qui ne leur laissèrent, de leur antique grandeur, que la richesse et l'éclat.

Beaucoup d'entr'eux perdirent leur richesse par leur inconduite, et ne conservèrent que l'éclat, celui d'un grand nom et des faits militaires.

Cet éclat suffisait encore pour les faire redouter du monarque. Louis XI les vainquit et les contint; François Ier les attira à sa cour, et Louis XIV acheva de détruire leur puissance. Ces hommes orgueilleux, cessant d'être les rivaux du monarque, devinrent ses plus zélés courtisans.

Le séjour de Paris et de la cour corrompit leurs mœurs et leur fit négliger leurs domaines et leurs vassaux. La plupart des seigneurs, pour fournir à de folles dépenses, cherchèrent à augmenter leurs revenus aux dépens de malheureux vassaux qu'ils auraient dû secourir et protéger, et dont ils perdirent, par cette conduite, le respect et l'amour. Ce fut le roi qui l'obtint, et qui devint l'objet d'une espèce de culte.

Louis XIV, en disant : *l'État c'est moi*, disait une vérité, et son orgueil s'accordait parfaitement avec l'amour que ses sujets lui portaient. Servir le roi, c'était servir son pays; mourir pour le roi, c'était mourir pour sa patrie : l'amour du roi était le patriotisme des Français.

La royauté et la noblesse, en Angleterre, eurent une autre destinée.

Les conquêtes successives faites de cette contrée

par diverses peuplades barbares, y donnèrent à la royauté, dès l'origine, un caractère plus oppressif que paternel et sacré.

Ce ne fut point elle qui devint la protectrice et l'alliée des peuples; ce furent les seigneurs qui contractèrent cette bienfaisante et profitable alliance; ce furent les seigneurs qui forcèrent Jean-sans-Terre à donner cette charte fameuse à laquelle on dut une véritable chambre des pairs et un véritable parlement, et qui fut la première cause de la liberté du peuple anglais.

Les changements dans la religion en furent une seconde cause; la religion romaine, qu'ils abandonnèrent, n'a pas toujours été favorable à la liberté des peuples.

Les fautes de Charles Ier, l'impatience du peuple, l'ambition et le génie de Cromwell, produisirent une révolution qui éclaira toute la nation sur le danger des révolutions, mais qui tourna au profit de la liberté en lui en montrant les écueils.

Ils se gardèrent de donner sur ces écueils lors de leur seconde révolution, celle de 1688; ils organisèrent la forme de gouvernement la plus libre et la plus sage de l'univers, et donnèrent aux nations le premier exemple d'une royauté vraiment constitutionnelle et de l'accord d'un monarque-citoyen, d'une noblesse patriote et d'un peuple raisonnable.

Ce fut dans le même temps que brillait de tout son éclat la glorieuse monarchie de Louis XIV. Les temps de gloire n'ont jamais été pour nous des temps de liberté.

Les deux règnes qui suivirent celui de ce puissant monarque ne furent pas aussi florissants; les dilapidations de la cour, la légèreté et la dépravation des courtisans, déconsidérèrent le trône; une nouvelle philosophie en mina sourdement les bases : il s'écroula.

Une république de nom, l'anarchie de fait, la terreur, la fureur, la dépopulation, mirent la France au désespoir; les brigands qui la dévastaient se divisèrent entr'eux; le peuple se lassa de leur tyrannie et de ses propres fureurs, et laissa une république s'organiser sur des principes beaucoup plus sages et plus humains.

Mais une république ne pouvait pas durer en France : il s'éleva un grand homme, le plus grand de tous nos généraux, qui s'empara du pouvoir, acquit une gloire militaire immense, et voulut recommencer l'empire romain en faisant la conquête du monde.

Il avait presque réussi; il ne restait plus, en Europe, que deux puissances à subjuguer; mais son orgueil réunit contre lui tous les rois qu'il avait soumis; son despotisme et même sa gloire lassèrent les Français : ils ne le soutinrent pas ; il tomba victime de son orgueil, de son ambition et de ses gigantesques projets.

Nous revînmes à nos anciens rois, mais non à notre ancienne royauté; cela était impossible: rien au monde ne rétrograde. Ces malheureux princes le crurent possible; ils le tentèrent, malgré la charte qu'ils avaient octroyée et qui avait été une condition de leur retour; ils le tentèrent, et ils viennent de se perdre.

Un monarque nouveau vient d'accepter le trône; il lui a été déféré presqu'à l'unanimité. Ce prince a cédé aux vœux d'une nation dont il est l'espérance, et qui ne voit que lui pour la préserver du fléau de l'anarchie.

L'espoir de cette malheureuse nation sera-t-il trompé? Sera-t-elle préservée de l'anarchie? Un prince nommé tumultueusement par un peuple soulevé, par un peuple qui a perdu toute idée de légitimité, pourra-t-il conserver sa puissance et défendre ce peuple contre ses propres fureurs? C'est ce que nous allons examiner.

Nous venons de remonter à l'origine de la royauté : nous avons vu d'abord celle qui a succédé à la théocratie; nous en avons vu ensuite d'espèces bien différentes, depuis celle qui vient de la conquête et celle qui vient du pouvoir militaire, jusqu'à celle qu'on appelle légitime, jusqu'à celle qu'on appelle constitutionnelle.

Nous avons suivi les diverses modifications que le temps à fait subir à chacune d'elles.

Il nous reste à savoir dans quelle classe on peut ranger la nôtre, et si, telle qu'elle est aujourd'hui, elle nous présente des garanties de succès et de solidité.

Puissions-nous mettre, dans nos recherches, dans notre travail, dans nos observations, dans nos idées, autant de sagesse, de sagacité, de vérité et de lucidité que nous y mettrons de bonne foi et d'amour du bien public!

Savoir dans quelle classe il faut ranger notre royauté; cela n'est pas difficile : c'est une royauté constitutionnelle, ou ce n'est rien qu'une production éphémère de l'enthousiasme d'un peuple en effervescence.

Savoir si, comme celle d'Angleterre, elle a toutes les conditions d'une véritable royauté constitutionnelle, cela est un peu plus difficile.

Mais, ce qui l'est beaucoup davantage, c'est de connaître exactement la solidité qu'elle peut avoir, la durée, la tranquillité et le bonheur qu'elle peut nous promettre.

Voilà trois questions à résoudre. A peine la première en est-elle une; il paraît évident que nous avons une royauté constitutionnelle. La solution de la seconde donnera celle de ce qu'il peut y avoir de douteux dans la première, et préparera la solution de la troisième.

Je vais passer de suite à la seconde question; elle nous conduira à la troisième. Il s'agit, dans cette dernière, de tout notre avenir.

SECONDE QUESTION. — *Avons-nous, comme en Angleterre, toutes les conditions nécessaires à une véritable royauté constitutionnelle?*

La principale condition de la royauté constitutionnelle, celle dont toutes les autres ne sont que les conséquences, c'est que tout le pouvoir exécutif soit réuni dans les mains du monarque, et que le pouvoir législatif soit partagé en trois branches, dont la royauté n'en possède qu'une seule.

Cette condition essentielle, nous la possédons comme l'Angleterre.

Ce qui a fait, en 1688, l'achèvement, la perfection, la sûreté de leur constitution, c'est qu'un prince nouveau a été chargé du maintien d'un ordre de choses nouveau; c'est qu'avec le nouveau prince, les Anglais n'avaient à craindre ni souvenirs, ni regrets d'une puissance perdue; c'est qu'un nouveau prince, devant tout son pouvoir à l'ordre de choses nouveau et à la nation qui le lui avait confié, était plus disposé à maintenir cet ordre de choses et à s'occuper du bonheur de cette nation, qu'un prince ancien qui pouvait regarder cette constitution comme une concession forcée, et les limites imposées à son pouvoir comme des obstacles qu'il fallait renverser à tout prix, et, enfin, qui pouvait voir dans son peuple plutôt ses adversaires que ses enfants.

Comme les Anglais, nous avons un prince nouveau; comme eux, nous l'avons pris le plus près possible de la légitimité; le nôtre a, comme le monarque anglais, tous les avantages de la légitimité sans en avoir les inconvénients; comme leur monarque, le nôtre doit tout à la nation qui s'est jetée dans ses bras. Quels sujets d'alarmes pourrions-nous donc avoir? Quelle différence pouvons-nous voir entre leur révolution de 1688 et la nôtre de 1830? et, s'il y a des différences, en quoi peuvent-elles être inquiétantes?

« Les différences sont énormes », diront les hommes disposés à s'alarmer, ou ceux tellement attachés à nos anciens princes, que, sans eux, ils ne voient que désordre, malheurs et anarchie. « Quelle différence, diront-ils, entre les antécédents, les circonstances, les personnages et l'exécution des deux révolutions! »

« Mais, ajouteront-ils, avant de reconnaître et

d'examiner en détail ces différences frappantes, voyons s'il est bien vrai que nous ayons actuellement la condition nécessaire à un système constitutionnel.

« Il est très vrai qu'une condition nécessaire, c'est que le pouvoir législatif soit partagé en trois pouvoirs; mais il faut encore que chacun de ces trois pouvoirs ait celui de se conserver et de se défendre contre les entreprises de chacun des deux autres.

« Et notre royauté actuelle serait-elle assez forte pour se défendre contre la chambre des députés? La royauté qui vient de succomber n'a pas pu lui résister, et elle était beaucoup plus forte que la royauté actuelle.

« Et la chambre des pairs pourrait-elle résister à cette chambre élective? Son existence et son mode d'existence sont encore un problême.

« Et la chambre des députés elle-même pourrait-elle résister à un mouvement du peuple de Paris? Elle vient de triompher du trône par la toute-puissance de la multitude réunie à la garde nationale; elle vient de triompher de la multitude elle-même au moyen des efforts héroïques de cette garde nationale unis à ceux du gouvernement.

« Mais si le zèle, si l'ardeur généreuse de cette garde nationale se refroidissait, ou même si cette garde nationale se réunissait à la multitude, que deviendrait la chambre des députés?

« Bien loin d'avoir trois pouvoirs, nous n'en avons qu'un actuellement, celui de la garde nationale, en attendant d'avoir celui de la multitude. Est-ce là un ordre de choses constitutionnel? Est-ce là une royauté constitutionnelle? »

Je crois qu'il est facile de répondre à cette objection préalable, et j'espère que ma réponse détruira entièrement l'objection. Je dirai :

Une constitution qui ne serait pas fondée sur l'amour des citoyens et sur la sagesse des pouvoirs, ne serait qu'une vaine théorie, ne serait rien qu'une ennuyeuse brochure; sans cet amour des citoyens, sans cette sagesse des pouvoirs, nul ordre constitutionnel ne pourrait se soutenir un instant.

Si le pouvoir royal manquait de sagesse, il appellerait à lui la troupe soldée, et forcerait la chambre des députés à se jeter dans les bras de la multitude.

Si la chambre des députés était composée de factieux et de furieux, le roi serait forcé de la dissoudre et d'en appeler à la nation.

Si la chambre des pairs.......; mais la chambre des pairs est essentiellement sage et conservatrice; chacun de ses membres a un intérêt trop évident au maintien d'un ordre de choses qui lui donne tant d'avantages, pour penser à le troubler. Ce corps est institué pour empêcher la lutte de la royauté et de la démocratie.

Et, enfin, si les citoyens n'étaient pas pénétrés d'amour pour l'ordre constitutionnel, ils se tourneraient, ou du côté du roi, et l'on aurait le pouvoir absolu, ou du côté de la chambre, et l'on aurait la république ou l'anarchie.

Il est de l'essence de cet ordre de choses que les trois pouvoirs se craignent et se respectent, et que tous respectent l'opinion publique.

C'est ce que n'avaient pas compris les princes qui viennent de se perdre, et c'est ce qui les a perdus.

On prétend que le pouvoir royal ne résisterait pas à la chambre des députés. Pourquoi pas? Le monarque est adoré, et la chambre est jalousée par tous les ambitieux : il y aurait beaucoup plus à craindre pour la chambre.

Mais pourquoi la chambre attaquerait-elle le monarque qu'elle vient de choisir et qui la comble d'égards et de faveurs? et pourquoi le monarque attaquerait-il la chambre? Et d'ailleurs, quand il la dissoudrait, l'ordre constitutionnel ne serait pas compromis.

Mais la chambre des pairs est-elle bien solide? — On doit le croire; il est presque sûr que les députés et le gouvernement seront assez éclairés pour en sentir la nécessité et pour la conserver.

Mais la force est uniquement dans la garde nationale.—Oui, et où veut-on qu'elle soit? La garde nationale n'est-elle pas la nation armée? Et si la nation n'aime pas l'ordre constitutionnel, il est bien impossible, il est bien inutile qu'il se maintienne. Mais elle veut l'ordre constitutionnel; c'est pour le conserver qu'elle vient de renverser un trône; c'est pour le conserver qu'elle vient d'en élever un autre: elle adore le monarque qu'elle a choisi; elle saura maintenir sa constitution et faire triompher son roi.

Ainsi, notre ordre constitutionnel est mieux et plus solidement établi qu'il ne l'était avant notre dernière révolution : chacun des pouvoirs a moins de motifs d'attaque et beaucoup plus de moyens de défense.

Et la chambre des pairs elle-même, la partie faible de notre ordre constitutionnel, a plus d'existence et plus d'indépendance qu'elle n'en avait sous notre première charte.

La faculté que cette charte avait donnée au roi de multiplier à sa volonté le nombre des pairs, lui ôtait tout moyen de résistance; elle n'était qu'un instrument de despotisme.

D'après cela, il est évident que nos trois pouvoirs ont acquis plus de solidité par notre dernière révolution, et que j'ai pu jusqu'ici la comparer avec raison à celle de 1688, qui avait produit le même effet en Angleterre.

Mais voyons les différences qu'on veut établir entre ces deux révolutions : sans doute il doit y en avoir, car rien n'est tout-à-fait semblable dans l'univers. Mais il s'agira de savoir si ces différences sont de nature à nous ôter tout espoir d'un résultat à peu près le même, et à nous faire croire que notre royauté constitutionnelle n'a et ne peut avoir aucun moyen de salut.

On me répondra sans doute : « Nous ne pouvons jamais attendre le même résultat d'un évènement tout différent.

« Il l'est d'abord par ses antécédents : les Anglais avaient leur charte, leur parlement, leur chambre des pairs (une véritable chambre des pairs); ils possédaient toutes ces institutions depuis des siècles, ainsi que leurs idées de liberté, et ils avaient encore de la religion et des mœurs; et nous, nous n'avions ces institutions que depuis quinze ans, et nous n'avons acquis nos idées de liberté que depuis que nous avons perdu la religion et les mœurs : doux sentiment, précieuses habitudes, qui seules peuvent rendre la liberté possible, en assurant l'ordre et la paix!

« Les Anglais combattaient depuis des siècles pour cette liberté, et nous depuis vingt-cinq ans, et sans savoir ce que c'était que cette liberté; et nous ne le savons pas encore.

« Et qu'on ne dise pas ici que le temps ne fait rien à l'affaire: le temps fait presque tout pour les institutions; c'est lui qui les rend légitimes, solides et sacrées; c'est lui qui change nos idées en opinions, et nos opinions en sentiments; c'est lui qui change nos actions en habitudes. Et la religion conservée dans nos cœurs et dans notre conduite, et la pureté des mœurs, sont-ce là des antécédents sans importance pour la conservation d'une sage liberté? »

« Ils avaient, peu de temps auparavant, fait périr leur roi, qui voulait attaquer leur liberté; et nous, nous avions sacrifié, ou plutôt laissé sacrifier le nôtre, qui avait voulu nous la donner. »

« Ils ont chassé un prince d'une opinion religieuse opposée à la leur, un prince dur et sévère, et qui, pour conquérir le pouvoir, avait fait ruisseler le sang sur les échafauds, et qui enfin avait pour ministre de la justice un homme qu'on pouvait regarder comme une espèce de tigre.

« Chez nous, rien de pareil, et cette différence dans les antécédents est encore très importante.

Une juste indignation consolide et justifie les révolutions et réunit les esprits. »

Avant de passer aux autres objections, je vais discuter celle-ci; elle est très forte, et si elle me paraissait convaincante, j'avouerais, en gémissant, que je me suis trompé.

Je gémirais, non de m'être trompé, mais je gémirais du malheur de mon pays et de celui d'un prince qui s'est dévoué pour nous; je gémirais plus encore du malheur de l'espèce humaine, qui serait au moment de perdre sa civilisation.

En effet, s'il était vrai que notre révolution ne ressemblât en rien à la révolution anglaise de 1688, l'ordre social courrait le risque d'être anéanti en France, et peut-être en Europe.

Cela me paraît de la plus grande évidence; nous n'avons que cette alternative : ou notre révolution est l'achèvement, la perfection de notre constitution, comme le fut, en Angleterre, la révolution de 1688, ou elle est le commencement de notre agonie.

On ne peut pas disconvenir que si le prince, si l'ordre de choses actuel ne pouvait pas se soutenir, ce serait ou une troisième invasion qui les anéantirait, ou la république qui leur succéderait, car on ne prétendra pas qu'une guerre civile soit une chose possible, au moins avec quelques chances de succès, sans le concours des puissances étrangères; et si elle avait lieu, elle n'aurait d'autre effet que de favoriser les efforts des ennemis de la France.

Si nous succombions à une troisième invasion, croit-on que les princes qui ont failli perdre leur trône pour nous avoir donné un Bourbon, nous donneraient encore un Bourbon, et un Bourbon enfant? Ils se partageraient le territoire, cela n'est pas douteux, et il n'y aurait plus de France.

Si nous avions la république..., mais on sait que la république n'est pas possible en France: au lieu de la république, nous n'aurions que l'anarchie; et peut-on supposer que la nation, fatiguée, désespérée des maux de l'anarchie, appellera un enfant pour les faire cesser? Et si elle attend qu'il soit homme, elle attendra au moins dix ans. Dix ans d'anarchie! il n'en faut pas autant pour détruire une nation.

Pendant cet espace de temps immense, si l'étranger, qui ne manquera pas d'accourir pour éteindre l'incendie, si l'étranger réussit, nous savons ce qui nous attend, et s'il est repoussé, un despote comme Bonaparte, ou une conflagration générale.

Voilà notre avenir certain, si l'ordre de choses actuel est renversé. Cette certitude ne nous donne pas celle de sa solidité, mais elle prouve la nécessité de le conserver, s'il est possible; cette nécessité, aperçue par tout homme raisonnable, sentie confusément par presque tous les hommes, est un grand moyen de conservation, et peut compenser, jusqu'à un certain point, les craintes que pourraient nous donner les différences que nous venons d'indiquer. Mais revenons sur ces différences : je vais continuer à défendre mes espérances contre les spécieuses alarmes de ceux qui les combattent.

Les Anglais, il est vrai, avaient une charte, un parlement depuis plusieurs siècles; mais quel bonheur, quelle liberté ces institutions donnaient-elles à ce peuple?

Avaient-ils une grande liberté sous le règne de Henri VIII, de Marie, d'Elisabeth? Était-il bien libre, ce peuple fameux, lorsqu'un orateur de la chambre des communes, haranguant à genoux le monarque dans un fauteuil, celui-ci, en lui mettant la main sur la tête, lui disait d'un ton amical : « Bon homme, voilà une tête qui tombera « sous peu, si telle loi ne passe pas. »

Ils chérissaient cette charte et cette liberté; ils combattaient pour elle depuis des siècles, et nous, nous avons la passion de la liberté depuis quarante ans, et notre charte depuis quinze.

Qu'est-ce à dire? Les idées, les passions, pour

être nouvelles, en sont-elles moins vives et moins ardentes? Le temps fait beaucoup pour les dogmes religieux, pour les dogmes politiques, pour les habitudes, mais il n'est d'aucune considération lorsqu'il s'agit d'idées et de passions.

Nous avons, comme les Anglais, l'idée, la passion d'une sage liberté; pour être plus nouvelles chez nous, elles n'en sont pas moins fortes.

Ils avaient de la religion et des mœurs; mais nous, sommes-nous tout-à-fait sans religion et sans mœurs? D'ailleurs, nous possédons l'honneur et le courage au suprême degré, et c'est tout ce qu'il faut pour soutenir une monarchie.

Les deux nations ont laissé sacrifier leurs rois; elles gémissent toutes les deux de ces assassinats juridiques; et si nous avons plus à gémir encore que les Anglais sur ce grand attentat, nous devons être plus disposés à éviter les excès et les fureurs; et c'est un grand moyen de conservation que la sagesse et la modération.

Le monarque anglais précipité du trône avait indigné la nation par la cruauté de son ministre; le nôtre avait humilié les Français par le choix des siens et par son entêtement à les soutenir.

Jusqu'ici, en y regardant de près, je ne vois pas que les différences soient si fort à notre désavantage, et puissent nous donner de justes inquiétudes.

Voyons celles que présentent les circonstances, les personnages et les moyens d'exécution.

Comme nous avons déjà parlé des principaux personnages, comme la différence dans les moyens d'exécution offre peu d'importance, nous réduirons notre examen à une circonstance majeure et qui doit fixer notre attention. En Angleterre, la révolution a été faite par les grands, en France, par le peuple.

La révolution anglaise a été méditée, combinée avec sagesse par un petit nombre de têtes; la nôtre a été opérée par un mouvement soudain, spontané, sans autre direction que celle donnée par le hasard. Elle a fini par le triomphe de la multitude sur la force armée conduite et dirigée par les autorités qui présidaient à l'ordre social.

Il en est résulté qu'en Angleterre la puissance est restée aux grands, qui l'ont conservée; qu'en France, elle est restée à la multitude, qui ne pouvait pas la garder, mais qui se trouve toujours prête à la reprendre, et qui, par le pouvoir qu'elle a de s'en saisir, pouvoir dont elle a acquis la connaissance et l'expérience, ne nous laisse aucun espoir de voir établir un ordre durable et supportable.

J'avoue que cette différence est grande et peut nous donner de terribles inquiétudes; mais ne nous laissons point troubler. Examinons de sang-froid cette grande circonstance, et tâchons de réduire ses effets à leur juste valeur.

D'abord, cette différence est-elle bien réelle? Les grands auraient-ils réussi en Angleterre, s'ils n'avaient point été secondés, appuyés par la multitude et par le vœu national? Et, chez nous, la multitude aurait-elle réussi, si elle n'avait pas été secondée par la chambre des députés, expression vivante de l'opinion nationale?

Ne sont-ce pas les principaux membres de cette chambre qui sont venus offrir au maréchal d'arrêter le mouvement, si le Roi voulait révoquer les ordonnances et changer le ministère?

Ils étaient donc les maîtres du mouvement, et il est bien à croire qu'ils en étaient à peu près les auteurs.

Ne sont-ce pas ces députés qui ont déféré au duc d'Orléans, d'abord le titre de lieutenant-général, et qui, peu de jours après, lui ont donné la couronne?

Et si ces députés ne sont pas précisément ce qu'étaient les grands en Angleterre, ils étaient incontestablement les personnages les plus puissants et les plus considérés de la nation française.

C'était pour les soutenir et les défendre que la multitude s'était armée : elle a suivi toutes leurs inspirations, elle n'a commis aucun excès, et, à leur premier signal, elle est retournée à ses travaux accoutumés.

Et, plus tard, dans le procès des ministres, lorsque des attroupements, irrités par le désir de la vengeance, ont voulu faire taire les lois et faire prévaloir leur fureur sur la justice nationale, le gouvernement et les chambres, aidés par la garde nationale fidèle à son devoir, ont su contenir et réprimer cette fureur sanguinaire, et ont prouvé ainsi à la France et à toute l'Europe que le règne des lois était arrivé en France, et non celui de la multitude.

Ce dernier évènement a dû rassurer ceux qui craignaient, avec beaucoup d'apparence de raison, les conséquences naturelles du triomphe de cette multitude.

Nous pouvons conclure que cette différence, si alarmante au premier aperçu, n'est presque rien en réalité. En Angleterre, la révolution a été faite par les grands, aidés du vœu national; en France, par la multitude, aidée par le concours des hommes puissants et l'assentiment de la nation.

Nous pouvons, je crois, nous rassurer sur les conséquences de notre révolution, espérer qu'elles seront les mêmes que celles de la révolution anglaise, et regarder notre royauté actuelle comme une royauté vraiment constitutionnelle.

Voyons, à présent, si nous pouvons compter sur sa solidité, sur sa durée et sur le bonheur qu'elle nous promet.

D'abord, comme royauté, elle garantit solidité et durée; la royauté, quelle qu'elle soit, est la plus solide et la plus durable de toutes les formes de gouvernement. Le monarque a toujours les moyens de satisfaire tous les ambitieux et de contenir tous les factieux: s'il a des entrailles de père, ses sujets seront pour lui des enfants respectueux et reconnaissants; si son ame est celle d'un tyran, il a des sbires, des espions et des bourreaux.

Mais Louis XVI, mais Charles X....... Ils ont fait tous deux les fautes les plus graves; on ne peut se le dissimuler. D'ailleurs, nous ne voyons rien d'éternel sur la terre; les institutions durent plus ou moins; mais elles vieillissent et finissent comme tout ce qui existe; la royauté est la plus durable de toutes.

Cherchons, à présent, quelle est la plus durable de toutes les espèces de royauté, et nous examinerons ensuite laquelle promet le plus de bonheur.

Pour réussir dans ces deux recherches, il est nécessaire de distinguer les différentes espèces de royauté. Jusqu'ici nous en avons fait plutôt l'historique que le classement : c'est de ce classement que nous allons nous occuper.

Ceux qu'on a faits jusqu'ici sont extrêmement incomplets; on a confondu sous la même dénomination des formes de gouvernement extrêmement différentes; on a appelé, indistinctement, despotisme ou pouvoir arbitraire, ou pouvoir absolu, le gouvernement de Constantinople, celui de Russie, de Danemark, celui de la Chine, celui de Bonaparte, et quelquefois même celui de Louis XIV; et certes ces différentes formes de gouvernement n'ont rien de semblable, ni par la nature du pouvoir, ni par la manière de l'exercer, ni par le sort des peuples, ni par le sort des princes.

Cette confusion a de graves inconvénients, dont le moindre est de déraisonner. Elle nous fait redouter un pouvoir salutaire et tutélaire à l'égal d'un pouvoir destructeur et ennemi, et elle peut nous jeter dans l'anarchie, de peur du despotisme.

J'appellerai despotisme le pouvoir de la force brutale, le pouvoir du sabre, sans aucune considération du droit et sans le contre-poids des lumières. Le Grand-Seigneur, l'empereur de Maroc sont des despotes.

J'appellerai pouvoir arbitraire le pouvoir de la force, mais avec le contre-poids des lumières chez celui qui exerce ce pouvoir et dans la nation qui a le malheur d'y être soumise. Les empereurs romains, Cromwell, Bonaparte, jouissaient du pouvoir arbitraire.

J'appellerai monarque absolu celui qui, par la confiance, le respect, l'amour des peuples, réunit dans ses mains tous les pouvoirs de l'état, qui exerce ou doit exercer tous ces pouvoirs dans l'intérêt et pour le bonheur de son peuple.

Il y a des droits et des devoirs réciproques entre ce monarque et ses sujets; mais les droits de ceux-ci sont souvent méconnus, et les devoirs des princes souvent mal observés. La Chine, le Danemarck, ont des gouvernements absolus et paternels : les plus parfaits sont les plus paternels.

Je n'appellerai point monarchie absolue la monarchie de Louis XIV, puisqu'elle avait des contre-poids très puissants : les priviléges du clergé, l'honneur de la noblesse, les parlements, les pays d'états, les mœurs sociales, les chansons mêmes, formaient des barrières très fortes. Le monarque français avait un pouvoir limité, ainsi que tous les autres monarques de l'Europe : tous prétendaient exercer un pouvoir paternel, et tendaient au pouvoir absolu.

L'Angleterre, la Suède, et j'espère la France, jouissent d'une monarchie constitutionnelle.

A présent, quelle est la plus durable de toutes

ces espèces de royautés? C'est celle qui se rapproche le plus du pouvoir paternel; celle qui se fonde le plus sur le droit et le moins sur la force. Le gouvernement de la Chine dure depuis plus de quatre mille ans; les dynasties changent, mais les institutions restent et paraissent immuables.

Quelle est la royauté la plus prospère, la plus digne de l'homme? C'est celle où la loi règne, au lieu de la volonté du chef, où ce chef n'a d'autre volonté que la loi; celle où la loi est l'expression de la volonté générale, ou au moins n'est faite que dans l'intérêt général; c'est, enfin, la royauté constitutionnelle. Par elle, le monarque est impuissant pour le mal, et tout puissant pour le bien.

Quelle est la plus parfaite de toutes les royautés constitutionnelles? C'est celle où tous les pouvoirs ne sont que les contre-poids de celui du monarque; celle où tous les pouvoirs ont le moins de moyens et de motifs d'attaque, et le plus de moyens de défense; celle où la nation a le plus de confiance dans son chef, et le chef plus de dévoûment pour son peuple.

Certes, un pareil gouvernement est le plus désirable et le meilleur de tous, et, lorsqu'on a le bonheur de le posséder, le désir du mouvement, ou en d'autres termes du changement, est la plus insigne, la plus inconcevable de toutes les folies.

Mais ce gouvernement exige beaucoup de sagesse dans tous ceux qui sont revêtus du pouvoir. Il marche toujours dans un sentier bien étroit, entre deux précipices effroyables : le pouvoir absolu d'un côté, et l'anarchie de l'autre.

L'amour excessif de la liberté peut nous précipiter dans un de ces abîmes; la crainte excessive du désordre peut nous précipiter dans l'autre. Il n'y a que la raison et la modération qui puissent nous maintenir en équilibre.

Craignons tout changement; il ne peut être que funeste, puisque nous ne pouvons jamais avoir mieux.

Le pouvoir absolu est une source d'abus; la république en a mille fois davantage. D'ailleurs, la république est impossible en Europe; nous n'aurions que l'anarchie, dont nous avons déjà fait la cruelle expérience.

J'ai prouvé, dans plusieurs écrits, que la république était impossible : l'expérience que nous en avons faite le démontre encore mieux.

Le pouvoir absolu n'est pas moins impossible; il est impossible avec nos mœurs, nos idées et nos lumières actuelles; il n'y a plus de gouvernement possible pour nous que le gouvernement constitutionnel, ou celui de la force, celui du sabre, un gouvernement tel que l'avait fait Bonaparte.

Dans l'état actuel des choses, qui nous pousse vers la démocratie, ou plutôt vers l'anarchie, il faut, pour conserver l'ordre social en Europe, des gouvernements très puissants, ou en force, ou en capacité.

Un ministère incapable peut perdre la société d'un moment à l'autre, et la royauté constitutionnelle est la seule qui puisse forcer un monarque héréditaire à s'entourer de ministres habiles.

Notre gouvernement constitutionnel est donc absolument nécessaire; il est en même temps le plus parfait, le plus doux, le plus désirable de tous les gouvernements. Nous le possédons; sachons le conserver.

Que ce ne soit pas une halte; que ce soit notre domicile : ce domicile est un palais.

www.ingramcontent.com/pod-product-compliance
Ingram Content Group UK Ltd.
Pitfield, Milton Keynes, MK11 3LW, UK
UKHW020458230726
13925UKWH00005B/2020